ぼくは、図書館がすき

漆原宏写真集

日本図書館協会

ぼくは、図書館がすき

ぼくは、図書館を目にすると、
どんな出会いがあるかわくわくします。
求めるものに出会った時の顔は、
見ているぼくも嬉しくなります。
そんな出会いを求めて足が向きます。

我がまちの自慢の図書館▶

10
B 宮部みゆき
B 宮本輝
B 村上龍

◀本好き、真剣に選ぶ　　　　　ハッピーママ▶

井戸端会議も図書館で

お兄ちゃんと一緒
声に出してボクも本を読む

館内では
携帯電話の使用
飲食はできません

◀湯治客も

長グツで図書館に　本好き一家▶

◀集中！

図書館職員はすわりこむ
ボクは床をはいはいする▶

歴 史
←
日本史
地方史
伝 記
家系・家伝
皇 室
個人伝記
→
地理・地誌
社会科学
各国事情
政治・政党
社会科学
学校教育
社会教育
風俗習慣
国防・軍事
←
自然科学
→
数学・物理学
化学・宇宙
気象・海洋
地質・地形・生物

◀雨はもうやんだかな？
雨が降っても図書館、大好き

ねえねえ、お父さん…
お父さんと一緒の日曜日▶

◀ほらー
ここを見て見て
仲よし？　初恋？

仕事に必要な
資料も図書館で▶

文学
館内ラベルの表示のあるものは貸出できませんので館内でご利用ください。
世界文学
DAIMEI

40
科学《かがく》
41
算数《さんすう》
43
化学
地球
46
生物
45
天気
植物
45
恐竜

◀好きな本はどこででも読む

お兄ちゃんの本を背中からのぞく▶

“生命”を知る図書館

頭脳の記憶量がいっぱいになった時、
人間は外部記憶装置を考えだしたのです。
それが図書館です。
生命が地球に誕生してから40億年。
何億ビットという不思議な世界。
それを知るのも図書館です。

（カール・セーガン著『コスモス』）

何がそんなにおかしい？　この笑顔は宝▶

◀今日は楽しい
図書館訪問の日
（幼保一元施設の子どもたち）

今日は図書館から
障害者の施設を訪問▶

ワーイ!!　おどろいた!!　やったーッ

あなたもわたしも、楽しいな

図書館でつくる　今日はペットボトルで楽器

図書館でつくる　今日は帽子

まだオムツもとれない　でも本好きになるよ（ブックスタート）

パソコン教室も図書館で

お父さんもお母さんも一緒に（ブックスタート）

◀たくさんの資料を
参照する

すわって読むのも
もどかしく▶

たべたり のんだりしないでね
はしったり さわいだりしないでね
しずかに すわって ほんを よみましょう
よんだほんは
もとにかえしましょう

未来の日本を担う

◀おそろいのジャージで
今日は課題を（中学校）

図書館で働く人々

貸出返却時にカウンターで交わされる会話に、
利用者の読書傾向や要求を読み取り、サービスに反映します。
そのため事務所は、作業場同然の煩雑ぶりを見せます。
分館への配本・返却本の納架、選書会議、
資料修理、滞納本督促電話などなど、
親切な司書さんが居るところほど、図書館も活き活きしています。

書庫　大切な貴重な資料群▶

NO. 1~57
録音図書他
ビデオ
DVD
土曜日
木曜日
11:00~11:30
2009

◀ミーティングは毎朝

盲導犬も▶

司書あこがれの景色　サインも見てね

恐竜もペット？　厚紙動物園

袋も貸し出します

１人で何人もお相手　次は私だよ

◀地域資料は修理して修理して使う

シルバーのボランティアさん
本の修理を請負う▶

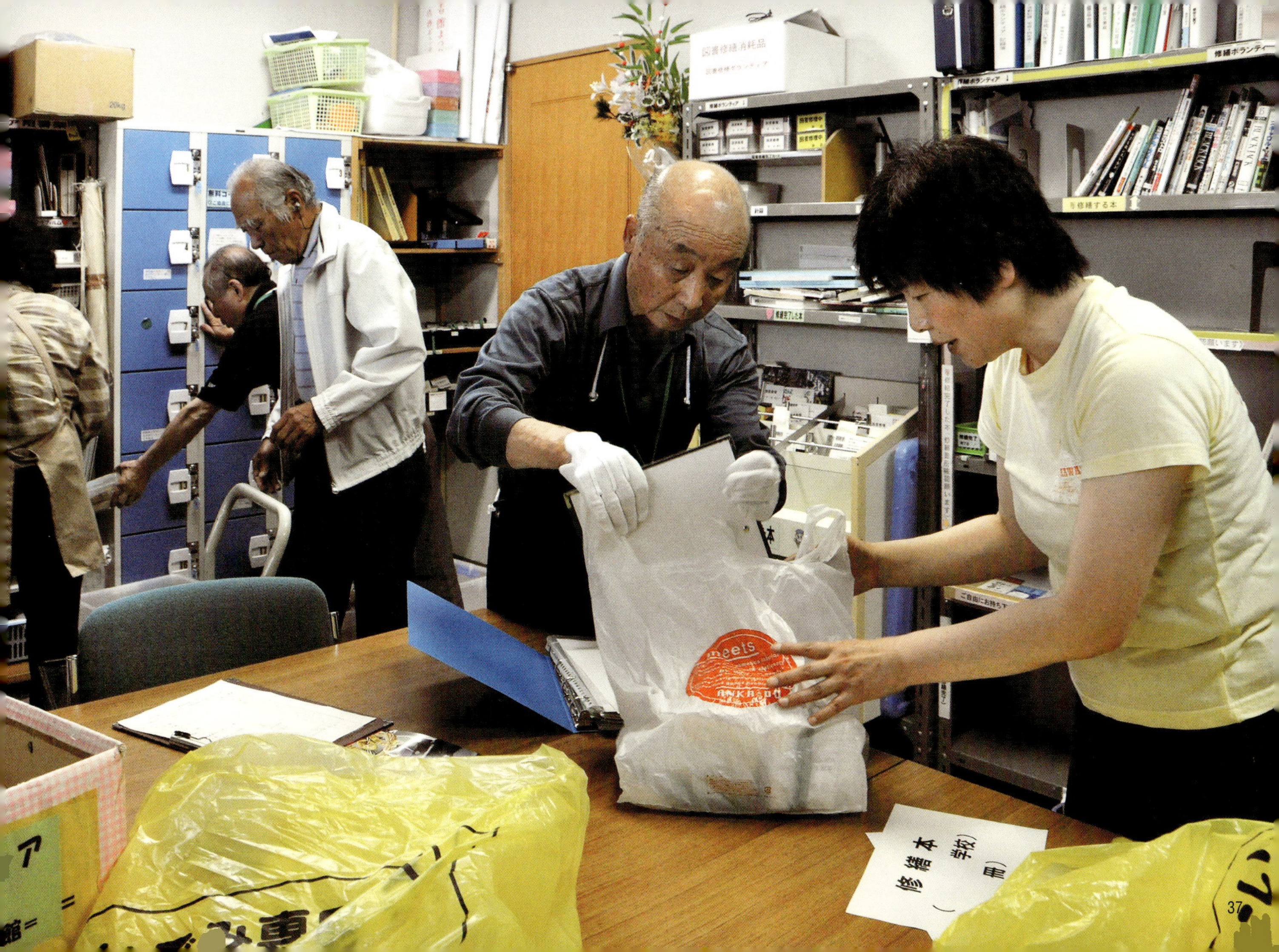
図書修繕消耗品
修繕本
学校（　）
冊

書架

図書館司書が他の図書館の
開館準備にかけつける

◀毎日毎日、
こんなに返却本の
山々です

◀本を選ぶ　いろいろなメモが…

今日もおつかれさまでした（終礼）▶

地域に活きる図書館

社会人を主軸に、乳児から高齢者、
そして図書館利用に障害を持つ人々、
また外国人までを利用者対象としています。
(学校図書館も支援する教育機関です。)
求めるものが、見出せる図書館は、
その町を活性化させます。

雨の中、よく来てくれたね！（自動車図書館）▶

自転車盗多発
すくすく号
太宰府市民図書館
太宰府市

早く読みたいな（保育園に配本）

友だちの読んでいる本が気になるんだ

仲よし　学校の図書室で

よく学び　よく遊び
遠くには自動車図書館

平良市立図書館

◀にわか雨の日でも外で貸出し
（自動車図書館）

なに、なに…　見せてよ
（自動車図書館）▶

私には私の本を　家族で借りる

選ぶのに困るなぁ

図書館は、暮らしの知恵袋

「見えないものが、見える目を」と記した図書館があります。
知識を知恵に活かす知恵袋として、
地域住民が図書館を認識したとき、
図書館は地域に根づき、
地域社会は図書館を核に活性化します。

午後のひと時を図書館で過ごす▶

毎朝の常連？さん

この空間で読みふける

◀図書館の一角で、市民の学びの場

西洋の映画のワンシーンのような中で▶

日本経済新聞 縮刷版
読売新聞 縮刷版
朝日新聞 縮刷版
高校受験案内
大学院受験
中学受験

Maxim
体育の歴史
スポーツ文化論
お菓子の歴史
暮しの道具学
暮しの道具学
暮しの道具学

◀古今のたくさんの
本に囲まれる
大学生になって

就職情報も図書館で▶

病院の一角で

点訳の相談

音訳図書をつくる

点漢字・打ち合せ

帰国子女　日本語を学ぶ

◀日本語以外の
資料も揃える

地域には
さまざまな言語で
生きている人がいる▶

32
한국·조선도서
韓国·朝鮮図書
이용안내
한 사람이 8권 까지 이주일간 빌릴 수 있습니다.
이용은 무료 입니다.
利用あんな
ひとり8冊ま
2週間かりら
ます
利用は無料です

組閣の大命降下

◀障害をもつ人が講演会に参加する

お医者さんも看護師さんも本が必要
（医療の専門図書館）▶

世界各国の刊行物
中国
Rembrandt
オランダにフォーカス
カンパニア
WEST VIRGINIA
日系カナダ人女性の生活史

このコピー機は本を傷めない

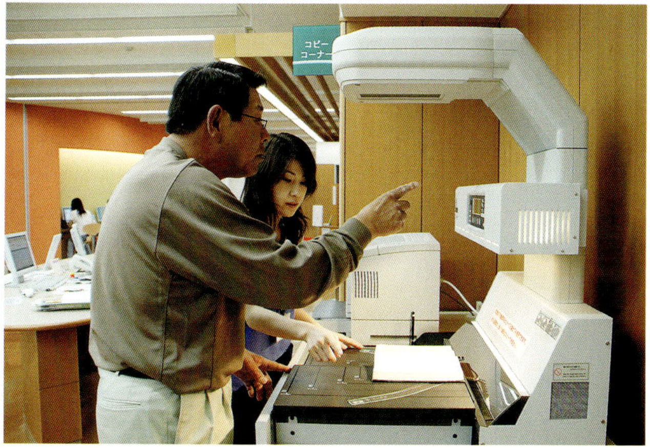

オストメイトもこれからの図書館には必需品

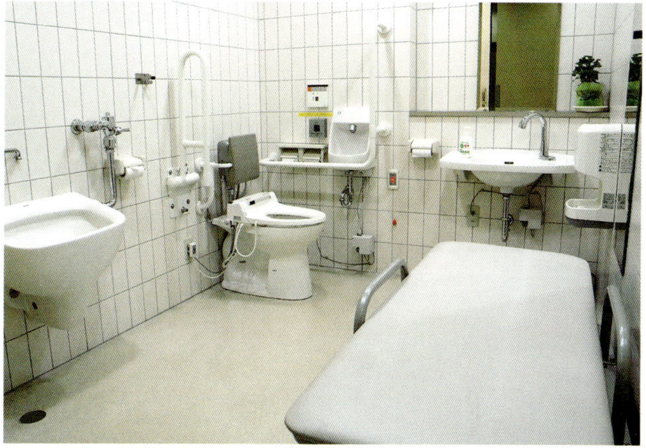

ビデオやDVDの鑑賞ブース

自動貸出機も大盛況

出会いの場、つどいの場

乳児から高齢者、いろいろな立場の人が、
図書館で出会い、立ちどまります。
そこにいるだけで社会を感じることができます。
さあ、身近な図書館へいこう。

芝生と心地よい風とこんな友だちが大事▶

デジタルカメラ

◀老いも若きもここでは一緒

夕景の図書館　私たちはここで学ぶ▶

至福のひと時

SPORT

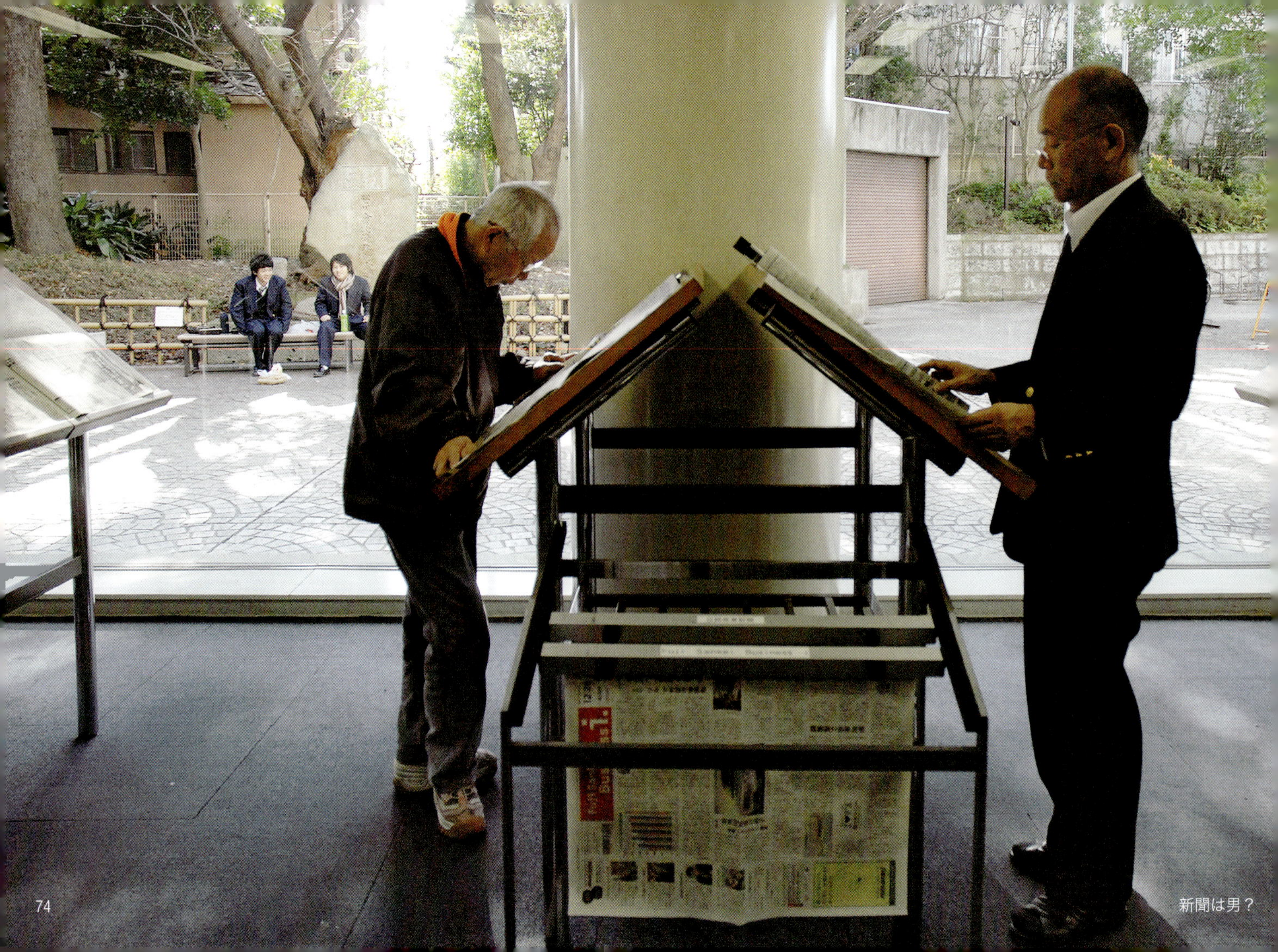

新聞は男？

ひとりで…　勉強、仕事？
集中のために

ある日の図書館風景
私のまちにもこんな図書館がほしい

まるであつらえたような
図書館利用のシーン

図書館のかけっこも

今日は私が読みきかせ

赤ちゃんも本が大好き
(ブックスタート)

図書館は出会いの場
学びの場　いこいの場

あとがき

◆

漆原 宏

ぼくは写真家として40年弱にわたり図書館を見続けてきました。
1983年に写真集『地域に育つくらしの中の図書館』(ほるぷ出版)を出版しましたが、
それ以来ひたすら撮り続けた写真たちを、再び形にする機会を得ました。
そこでこの機会に、ぼくの図書館への思いを、あとがきに代えて綴りたいと思います。

図書館と関わる

1963年に発行された『中小都市における公共図書館の運営』(通称『中小レポート』、日本図書館協会)により、図書館サービスがある形を現してきました。実践を通して自信を得た図書館員たちが、新聞に図書館サービスを発表し、さらなる利用を広めるべく報告を兼ねた記事を載せました。毎回、1枚の写真を載せて。その写真をぼくが担当することになりました。

ぼくは図書館を撮り始めて、図書館人の千葉治さんと出会い、図書館人の人柄に魅せられました。また、紹介されて撮る先々で、さらに多くの図書館人に出会い、魅せられ、それが図書館という職場の持つ力であることを知りました。こうして長い図書館とのおつきあいが始まったのです。

図書館の位置づけ

国の骨格である憲法前文に「崇高な理想の実現は根本において教育の力にまつべきものである」として教育基本法が位置づけられ、教育基本法の下に学校教育法と社会教育法が並び、それぞれの下に学校図書館法、図書館法が位置しています。

国民一人一人が教育力をつけ、憲法を順守しなければならない国会議員、為政者が国政を誤ることのないよう、教育法制が確立されています。図書館もその役割を担っているのです。

憲法は、人として生きる権利、学習権を保障していますので、図書館の利用は、原則として無料です。

生きがいある暮らしを営む

図書館は、時空を越えて世界の人々と出会い、資料を媒介に人と人が集会室で集い、明日への知恵と英気を養うところです。

図書館では、暮らしや仕事への助言や着想を引き出すことができます。人としてのあり方や処し方を資料と対話しながら探し確認できます。そして、趣味や娯楽を憩えるオアシスとして、疲労や悩み、悲しみや挫折を癒し、明日への元気や勇気を与えてくれます。

人は図書館資料を活用して、個として自らを律し、生活者として自立した市民へと成長できます。自立した市民が結びつき、自治意識を培い、責任感と行動力をもって自治体活性化に参加し、そして国政の誤りをも正します。

図書館は暮らしや仕事、そして行政の頭脳として、人づくりの要となり、まちづくりの核として役立ちます。

移動図書館について

自動車(バス)に本を積んで地域を回る「移動図書館」がある意味、図書館の“看板”になった時代がありました。1970年代には、1台の移動図書館が図書館サービスのすばらしさを住民に伝え、そこから建物としての図書館が生まれたのです。

しかし今では、図書館数が増え、学校図書館がそれなりの評価を得るようになり、移動図書館の運行経路に高齢者介護施設や病院などが組み込まれるようになってきました。

図書館としての“看板”は、縮小化しましたが、東日本大震災に伴い仮設住宅等に本を届ける事業などで、一部復活しています。今後どのような展開を見るかは、県と市町村自治体の取り組み方によります。

生活圏に深く入り込んだ図書館サービスは、いつの時代も必要とされるものです。

新しい本棚、機材、パソコンのある風景

近年、機能面、デザイン面で書架をはじめ新感覚の図書館用品を目にします。インターネット、データベース、利用者持参のノートパソコン、自動貸出・返却機、本を傷めないコピー機、web

図書館の誕生と一般化など、30年前とは大違いです。

図書館は未来を見越して建てるものではありますが、人間の感性が時代とともに進化するように、材質の開発、使用機器類の進歩・発展などが関わり合って時代を押し進めていくでしょう。

電子書籍とweb図書館。国立国会図書館のデジタルアーカイブシステム等、デジタルの領域も図書館資料として取り込み始めています。

緑の見えるAV席

図書館の視聴覚資料(AV)は、A(オーディオ)とV(ビジュアル)で区別して装置を設置する場所が求められます。

オーディオ(音楽)は、窓から外界(借景)の自然の緑を眺め、イメージを膨らませて聞き入ると曲想までも見えるように感じられ感激ひとしおです。

一方、ビジュアル(ここでは映像)は、周囲が静かで少し暗い場所で、できれば利用者の流れからはずれた一角、映像の世界へ集中できる空間がよいのです。また、プライバシー保護と防犯を兼ね、職員からは利用者の状況を確認できるつくりが望まれます。そして、双方とも長時間の視聴に耐える居住性のよい固定椅子が適しています。

図書館で働く人々

今、指定管理者制度や市場化テストと言われ、公共施設の管理・運営を民間企業に委託して運営を続ける自治体が増えています。施設だけ行政がつくり、運営は民間企業に委託するのです。したがって、職員は民間企業の採用者で、人件費削減の道具に使われています。パートやアルバイトの職員が多いのです。

図書館司書の仕事は、人類が築いてきた歴史です。一朝一夕に集積したものではなく、付け焼き刃では習得できません。今の仕組みで解決は不可能なのです。この課題は利用者(住民)みんなで考え、解決する問題でもあります。

職員は、業務マニュアルに従って利用者に対応しますから、読後感など話し合う時間も少なく、味気なく感じる時もありましょう。しかし、毎月のお話会後に乳幼児を持つお母さんたちが、情報交換できる時間を保障している図書館もあります。選書会議は、毎週か毎月、また、全分館の担当者が集合して見計らい資料から選書したり、担当者が収書案を出し合う図書館もあります。正規・非正規を問わず、図書館員の仕事ぶりがその図書館をつくるのだと思います。

子どもたちの表情の変化

図書館で写真を長く撮り続けていると、さまざまな変化を体感するものです。
例えば20年前は、子どもたちがカメラに気づくと、無防備に「撮って、撮って!」とはしゃいで集まってきました。しかし、子どもをめぐる事件がたび重なるにつれ、親や周囲の動揺を反映させてか反応が少なく、無表情になってきました。今どきの子どもたちの覇気のない瞳が気になります。
学校で生徒に尋ねると、中・高校生では放課後と帰宅後の勉強の疲労から、そして小学生では、知らない人との会話は止められているとのことでした。子どもたちの表情から時代が見えてきます。

写真家の旅は続く

ところでぼくは、近在の図書館へは日帰りで鉄道を使い、遠い図書館へは行く先の飛行場かキー駅でレンタカーを借ります。初期のころは、携帯に便利な一体型のカーナビゲーションをよく買い換えて撮り歩きました。ナビゲーションも4台目からは車載が一般化し、全国「自分の庭」の感じで走っています。

◆

ぼくは、30年前に写真集を上梓しましたが、その後も全国の図書館のご協力を得て撮影を続け、月刊誌『図書館雑誌』、『図書館年鑑』(日本図書館協会発行)などに掲載していただきました。
この写真集に掲載した写真は、ここ10年の間に撮影して『図書館雑誌』口絵に掲載されたものから選びました。撮影にご協力いただいた図書館のみなさまに、謹んでお礼申し上げます。
最後に、出版にあたり、流動し続ける図書館界にあって、長く力づけていただいた松島茂さん、協会初の写真集に挑んでいただいた日本図書館協会出版委員長の長谷川豊祐さん、ネームをつけていただいた西村彩枝子さん、編集部の内池有里さん、そして本にしていただいたR-cocoの清水良子さん、馬場紅子さんに感謝いたします。

写真リスト

撮影場所／撮影年月

◀p.1
館林市立図書館
（群馬県）
2006.4

◀p.3
諫早市立諫早図書館
（長崎県）
2009.10

◀p.4
葛飾区立中央図書館
（東京都）
2009.11

◀p.5
上田市立図書館
（長野県）
2006.4

◀p.6
浜松市立城北図書館
（静岡県）
2007.12

◀p.7
宮古島市立久松小学校
（沖縄県）
2010.1

◀p.8
草津町立図書館
（群馬県）
2010.7

◀p.9
市立大町図書館
（長野県）
2006.5

◀p.10
鎌倉市腰越図書館
（神奈川県）
2007.4

◀p.11
加美町小野田図書館
（宮城県）
2009.9

◀p.12
今治市立波方図書館
（愛媛県）
2005.7

◀p.13
長野市立長野図書館
（長野県）
2006.5

◀p.14
近江八幡市立図書館
（滋賀県）
2008.2

◀p.15
浦安市立中央図書館
（千葉県）
2003.2

◀p.16
太宰府市民図書館
（福岡県）
2012.3

◀p.17
長岡市立長岡図書館
（新潟県）
2008.10

◀p.19
さいたま市立中央図書館（埼玉県）
2008.8

◀p.20
美里町南郷図書館
（宮城県）
2009.9

◀p.21
墨田区立図書館
（東京都）
2009.4

◀p.22
墨田区立緑図書館
（東京都）
2002.6

◀p.23
東大和市立桜が丘図書館（東京都）
2009.7

◀p.24
江戸川区立葛西図書館（東京都）
2011.8

◀p.24
白河市立図書館
（福島県）
2009.6

◀p.24
小布施町立図書館
（長野県）
2012.10

◀p.24
柏崎市立図書館
（新潟県）
2008.10

◀p.25
高知市民図書館
（高知県）
2003.3

◀p.26
女子栄養大学短期大学部図書館（東京都）
2007.1

◀p.27
港区立高輪図書館
（東京都）
2010.12

◀p.28
具志川市立具志川中学校図書館（沖縄県）
2004.1

◀p.29
鶴見大学図書館
（神奈川県）
2007.1

◀p.31
愛媛県立図書館
（愛媛県）
2005.7

◀p.32
佐々町立図書館
（長崎県）
2009.10

◀p.33
旭川市立中央図書館
（北海道）
2005.11

◀p.34
愛荘町立秦荘図書館
（滋賀県）
2010.3

◀p.35
佐々町立図書館
（長崎県）
2009.10

◀p.35
長浜市立浅井図書館
（滋賀県）
2010.3

◀p.35
草津町立図書館
（群馬県）
2007.10

◀p.36
藤枝市立駅南図書館
（静岡県）
2009.11

◀p.37
常陸太田市立図書館
（茨城県）
2010.6

◀p.38
さいたま市立中央図書館（埼玉県）
2008.9

◀p.39
笠間市立図書館
（茨城県）
2003.11

◀p.40
浦安市立中央図書館
（千葉県）
2007.6

◀p.41
諫早市立たらみ図書館
（長崎県）
2009.10

◀p.43
太宰府市民図書館
（福岡県）
2012.3

◀p.44
瀬戸内市立図書館
（岡山県）
2011.12

◀p.45
瀬戸内市立図書館
（岡山県）
2011.12

◀p.46
宮古島市立久松小学校
（沖縄県）
2010.1

◀p.47
宮古島市立久松小学校
（沖縄県）
2009.1

◀p.48
宮古島市立久松小学校
（沖縄県）
2009.1

◀p.49
高松市立川添幼稚園
（香川県）
2011.12

◀p.50
愛荘町立愛知川図書館
（滋賀県）
2010.3

◀p.51
名護市立久辺小学校
（沖縄県）
2011.1

◀p.53
春日市民図書館
（福岡県）
2009.10

◀p.54
栃木市栃木図書館
（栃木県）
2010.5

◀p.55
［湧水町］くりの図書館
（鹿児島県）
2006.11

◀p.56
田原市中央図書館
（愛知県）
2005.12

◀p.57
東大和市立中央図書館
（東京都）
2009.7

◀p.58
鹿児島国際大学附属
図書館（鹿児島県）
2006.11

◀p.59
小山市立中央図書館
（栃木県）
2008.2

◀p.60
聖路加健康ナビスポット
「るかなび」（東京都）
2009.4

◀p.60
長野市立長野図書館
（長野県）
2006.5

◀p.60
沖縄点字図書館
（沖縄県）
2011.1

◀p.60
墨田区立あずま図書館
（東京都）
2009.9

◀p.61
草加市立中央図書館
（埼玉県）
2006.8

◀p.62
浦安市立中央図書館
（千葉県）
2003.2

◀p.63
大阪市立生野図書館
（大阪府）
2006.6

◀p.64
熊谷市立図書館
（埼玉県）
2005.8

◀p.65
関東鉄道病院図書館
（東京都）
2005.6

◀p.66
愛荘町立愛知川図書館
（滋賀県）
2010.3

◀p.67
帯広市図書館
（北海道）
2007.9

◀p.67
函館市中央図書館
（北海道）
2006.10

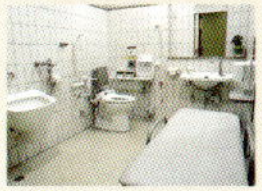

◀p.67
菊陽町図書館
（熊本県）
2006.3

◀p.67
さいたま市立中央図
書館（埼玉県）
2008.12

◀p.69
函館市中央図書館
（北海道）
2006.10

◀p.70
［湧水町］くりの図書館
（鹿児島県）
2006.11

◀p.71
鹿児島大学附属図書館
（鹿児島県）
2006.11

◀p.72
小山市立中央図書館
（栃木県）
2008.2

◀p.73
今治市立図書館
（愛媛県）
2005.7

◀p.74
浜松市立中央図書館
（静岡県）
2007.12

◀p.75
新潟市立中央図書館
（新潟県）
2008.10

◀p.76
山口市立中央図書館
（山口県）
2006.10

◀p.77
山口市立中央図書館
（山口県）
2006.10

◀p.78
宮古島市立平良図書館
（沖縄県）
2009.1

◀p.79
宮古島市立平良図書館
（沖縄県）
2009.1

◀p.80
石垣市立図書館
（沖縄県）
2003.1

◀p.81
函館市中央図書館
（北海道）
2006.10

漆原 宏（うるしばら・ひろし）

1939年・東京生まれ
1957年・都立蔵前工業高等学校電力科卒業
1957～68年の11年6か月・東京証券取引所勤務
（その間、東京総合写真専門学校卒業）
1968～74年の5年6か月・写真雑誌 ㈱研光社勤務
1974年・フリーの写真家となる

日本図書館協会会員
図書館問題研究会会員
日本写真家協会会員

著書 『地域に育つくらしの中の図書館』（ほるぷ出版 1983）
『図書館づくり運動実践記──三つの報告と新・図書館づくり運動論』
扇元久栄、栗原進、盛泰子、漆原宏［共著］（緑風出版 1997）

住所 〒111-0051 東京都台東区蔵前3-9-6
電話 03-3851-6820

ぼくは、図書館がすき
──漆原 宏写真集

2013年4月30日 初版第1刷発行©
2016年9月20日 初版第5刷発行

定価：本体2800円（税別）

著　者● 漆原 宏

発行者● 公益社団法人 日本図書館協会
〒104-0033 東京都中央区新川1-11-14
Tel 03-3523-0811㈹ Fax 03-3523-0841

デザイン● アール・ココ（清水良子／馬場紅子）

印刷所● アベイズム株式会社

JLA201615 ISBN978-4-8204-1300-4